縄文人から「新縄人(しんなわびと)」・ロープスキッパーへの
なわとび学

著／稲葉茂勝　なわとび監修／生山ヒジキ

編／こどもくらぶ

The Rope Skipper

今人舎

巻頭特集

かっこいい新縄人(しんなわびと)・ロープスキッパーの世界を見てみよう！

今、なわとびはどんどん進化しています。みなさんがよくやる「短(たん)なわとび」や「長(なが)なわとび」（→p14）からは、想像(そうぞう)もつかない技(わざ)が世界じゅうでおこなわれています。

長なわとびを2本つかった「ダブルダッチ」。現在(げんざい)では世界大会(かいさい)も開催され、世界じゅうで人気がある（→p30〜31）。写真は2014年、香港(ホンコン)で開催(かいさい)されたFISAC-IRSF(フィサック アイアールエスエフ)（→p26）の世界選手権(せんしゅけん)。

写真提供：FISAC-IRSF

カリブ海の島国グレナダで、なわをつかってポーズを決める子どもたち（2014年）。とぶだけではなく、ポーズを決めるのもなわとびの技(わざ)だ（→p39、p43）。

写真提供：FISAC-IRSF

JRSF(→p27)創始者のSADAさんと生山ヒジキさんによる「チャイニーズホイール」(→p27)。複数のなわを自在にあやつりながらとぶ。

SADAさんと生山さんによる「ペアフリースタイル」。2人で音楽にあわせて動きをそろえてとぶ。写真はいずれも、SADAさんと生山さんによるチーム「Hot Dog Japan」が優勝をかざった2014年のなわとび世界大会「World Jump Rope」でのもの。

「8の字とび」でギネス世界記録

テレビ番組をきっかけにして、学校でなわとびが大流行。「24時間テレビ 愛は地球を救う」という番組で、「8の字とび」の学校のクラス対抗のようすが放映された（2011〜2015年）。クラス全員が団結してものごとに取りくむ姿が感動をよび、全国で8の字とびを取りいれる学校があいついだ。2011年8月21日、埼玉県の熊谷市立玉井小学校の6年生は、出場校中最高となる213回を記録。ギネス世界記録に認定された。

8の字とびの練習をする玉井小学校の児童たち。
写真提供：熊谷市立玉井小学校

はじめに

本を開いてくれたすべてのみなさんに

　この本を手に取ってくださったみなさんは、なわとびがもっと上手になりたい！　もっといろんな技ができるようになりたい！！　もしかすると「なわとび検定」で、上級に進みたい！！！　と願っているのではないでしょうか。

　でも、最初にお断りしておくと、この本を読んでくれたからといって、すぐになわとびが上手になるわけではありません。

　うまくとべるようになるのも、いろいろな技ができるようになるのも、練習あるのみだからです。それでも、この本がなわとびに関する「魔法の本」であるといいたいのです。

　なわとびの練習をつづけていくには、そのためのモチベーションが必要です。「モチベーション」とは、物事をおこなうにあたっての、意欲・やる気のことです。

　この本を読めば、モチベーションが高まるはずです。なぜなら、この本を読んだ人はまわりの人たちのなかで、なわとびのことをだれよりもよく知っている人、理解している人になれるからです。みんなから「なわとび博士」として、尊敬のまなざしを向けられるかもしれませんよ。

　そうなれば、もっともっとなわとびがうまくなりたいと思うはずです。もっと練習しようという気持ちがわき、実際に練習していき、少しずつ上達してなわとび検定の級も上がる……。これが、この本を「魔法の本」といった理由です。

　この本に先行して発売された『じゃんけん学』や『けん玉学』『あやとり学』も、おなじコンセプトでつくっています。すでに読者の方から、じゃんけんがつよくなった、けん玉が上達したというお便りが寄せられていますよ。

写真●東京都提供

　この魔法の本には、つぎのようなことがいっぱい書いてあります。

○なわとびは、いつごろどこではじまったのか？
○「とばないなわとび」って、どういうこと？
○世界のなわとびって、どんなもの？　外国語でどういうの？
○現在、世界のなわとびの技の数は1000以上あって、どんどん増加中！
○世界のなわとびの技いろいろ
○なわとび検定があるのは、日本だけ！
○大人が夢中のなわとびエクササイズとは？
○アスリートがなわとびをする理由とは？
○ロープスキッピングの誕生秘話
○「縄文時代」がある日本だからこそ、もっと縄とびを！

　どうですか。なわとびに興味のある人でも、知らないことだらけではありませんか。
　この本のパート3では、日本で唯一のプロのロープスキッパーである生山ヒジキさんに、超高速ストロボ撮影でとったものすごい技の数かずについて、自ら技の解説を書いていただきます。
　この本を読んでくださるみなさん！　なわとびに関するさまざまな知識をそなえたロープスキッパー（「新縄人」→p27）になってください。そして、縄文時代（→p8）のある日本から、なわとびの楽しさと魅力・可能性を世界へ広めていってください。

　　　　　　　　　　　　　　　　こどもくらぶ　稲葉茂勝

もくじ

巻頭特集 ……………………… 2
はじめに ……………………… 4
この本のつかい方 ………… 7

パート1
なわとびの歴史 …………… 8

1 「なわとび以前」とは？ ………… 8
2 「なわとび」らしきもの ………… 10
3 『寓意人形』と『子供遊び尽くし』… 12
4 明確になった近代のなわとび … 14
5 なわとびが体育の授業に！ … 15

なわとび歌 …………………… 16

6 戦時下の日本のなわとび … 18

ゴム段 ………………………… 19

7 大人が夢中になった1960年代 … 20

なわとびの運動効果 ………… 22

8 学校で大流行した1980年代 … 24

パート2
ロープスキッピングとは … 26

1 なわとびが競技に！ ………… 26
2 ロープスキッピングの大会 … 28
3 ダブルダッチって、なに？ … 30
4 技の数は1000以上に！ …… 32
5 なわの進化 …………………… 34

生山ヒジキのなわとびコレクション … 36

6つのギネス世界記録®を更新 ……… 38

パート3
世界の技ベストセレクション … 39

①とばないなわとび …………… 40
クロスストップ／V字ストップ／クロスフリーズ／グリコ／アームラップ／ヒーローフィニッシュ／おしりどめ／サイドスイング／かえしとび（エレクトロン・マリーナ）

②ステップ系 ………………… 44
片足とび／ベル／スキーヤー／かけ足とび

③クロス系 …………………… 45
交差とび／ムササビ（交差二重とび）／あやとび／ハヤブサ（あや二重とび）／TS（背面交差とび）／AS／CL

④レッグオーバー系 ………… 49
モンキー／トード／クルーガー／オウサムアニー／TJ／ジャーミー

⑤ローテーション系 ………… 52
360／The ゴースト

⑥パワー系 …………………… 53
おしりとび／プッシュアップ

⑦まだまだあるすごい技 …… 54
リリース／火の鳥

さくいん ……………………… 55
編集後記 ……………………… 56

この本のつかい方

この本は3つのパートにわかれています。パート1では、古代から現代にいたるなわとびの歴史を、パート2では、現代のかっこいいなわとび「ロープスキッピング」を紹介しています。パート3では、ロープスキッパーの生山ヒジキさんの解説により、なわとびの技の数かずを写真で紹介していきます。

パート1

なわとびの歴史について、豊富な資料をまじえて解説。

コラムページでは、なわとびに関連するいろいろな知識を紹介。

パート2

競技になった現代の「ロープスキッピング」について、写真とともに解説。

パート3

すぐにできるやさしい技からむずかしい技まで、やり方を写真をつかって解説。

生山ヒジキさんによる、役に立つアドバイス。

パート1
なわとびの歴史

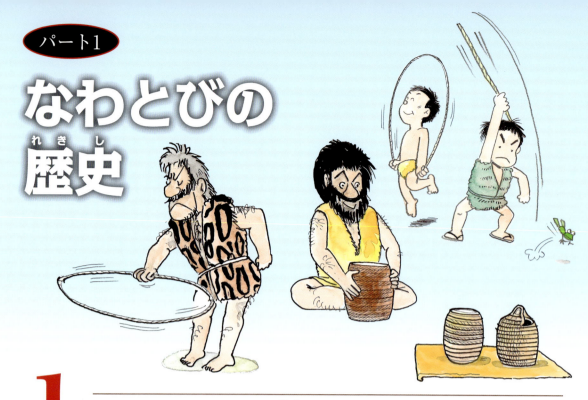

1 「なわとび以前」とは？

なわとびの歴史は、これまであまり研究されていませんでした。でも「なわ」がなければ、「なわとび」もないのはいうまでもありません。さあ、「なわ」の歴史から見ていきましょう。

縄文・キープ

「なわ（縄）」とは、「植物の繊維や茎をより合わせて細長く作ったもの。普通, 綱よりは細く, ひもよりは太いものをいう。材料は多くは稲藁。シュロやアサのものは丈夫で水に強い」（大辞林）。英語の「ロープ」にあたります。

日本では古くから道具としてなわがつかわれていました。そのことは日本の時代区分のひとつに「縄文時代」があることからもわかります。

「縄文」という名前は、この時代の土器*の表面になわをおしつけたり回転させたりして、もようをつけたことによります。

縄文時代は、1万数千年前からはじまったとされています。

その時代にすでになわがあって、生活道具としてつかわれていたのです。

世界でも、大昔からなわ（ロープ）があったことはたしかですが、日本のように時代がはっきりしているのはめずらしいといわれています。

そうしたなか、インカ帝国の「キープ」はユニークな存在です。「キープ」は、文字がなかったインカ帝国で、なわ（ひも）に結び目をつけて、数を記述する方法としてつかわれていました。

*エドワード・S・モース（1838～1925年）という学者が、1877年、日本にきた際に大森貝塚から発掘した土器。

パート1　なわとびの歴史

「つな」と「ひも」

　太いなわをつな（綱）とよびますが、日本では「綱引き」が、佐賀県の「呼子の大綱引き」、沖縄県の「那覇大綱挽まつり」など、もともと神事やお祭りとしておこなわれてきました。

　一方、世界でも綱引きが見られます。世界遺産にも指定されているカンボジアの宗教遺跡群「アンコールワット」のレリーフにも見ることができます。

　また、5～6世紀の中国の書物『荊楚歳時記』には、正月立春の行事として綱引きをしたという記述があります。

『荊楚歳時記』宗懍 著、平凡社

　ところで、「あやとり」というあそびがあります。この、ひもをつかって形をつくるあそびは、古くから世界各地にあったことが知られています（→本シリーズ『あやとり学』）。

『あやとり学』野口廣 著、今人舎

　ところが、つなやひもについては、上記のようにわかっていますが、なわの場合、大昔からなわをつかったなにかのあそびがあったはずだと考えられるものの、残念ながら、その記録が見つかっていません。そのため、なわとびに関する研究も進んでいません。

佐賀県唐津市の伝統的な祭り「呼子の大綱引き」。直径15cmの大綱を引きあう。　写真提供：唐津市

沖縄県那覇市で毎年10月におこなわれる「那覇大綱挽まつり」。
写真提供：一般社団法人 那覇大綱挽保存会

アンコールワットのレリーフとしてえがかれた神話「乳海攪拌」。神々とアスラ（阿修羅）が綱引きのように大蛇を引きあっている。

2 「なわとび」らしきもの

8ページに記したように、大昔から人類はなわをつかってきました。生活道具としてつかわれたということは、あそびにもつかわれていたのではないかと推測できます。

古屋三郎の見解

東京教育大学（現在の筑波大学）附属小学校教諭などをつとめた古屋三郎先生（1921年生まれ）は体育が専門の研究者で、その著書に『なわとび』（不昧堂出版、1968年）があります。この本のなかで古屋先生は、なわとびについて、人類がなわを発明する以前から「原始生活に使用した棒や藤づるのような物をとんでいるうちに思いついた」のではないかと推測しています。

そうであるなら、なわとびの起源は、なわの発明以前にまでさかのぼれることになるではありませんか！

しかし、人類が「いつ・どこで」なわとびをするようになったのかは、謎！ 実際に、なわとびの起源についての研究は進んでいないのです。

『なわとび』古屋三郎著、不昧堂出版

パート1　なわとびの歴史

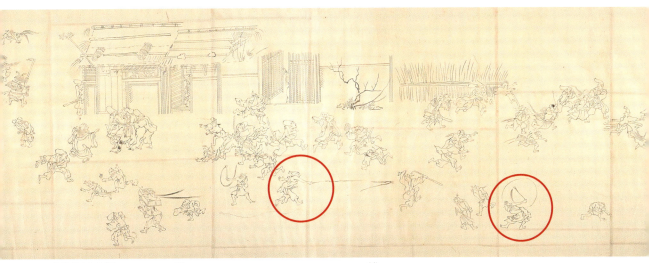

『年中行事絵巻』の一場面。棒の先になわをつけ、手に持っている人の姿（赤丸の部分）が見える。
京都大学文学研究科所蔵、赤丸は編集部による

平安時代の絵

　平安時代の『年中行事絵巻*1』には、現在の持ち手つきのなわとびのように、なわの両端に棒をつけたものであそぶ人や、なわの先にわらやぞうりを結びつけて、犬とじゃれあう子どもがえがかれているのが見てとれます。これは、この時代に、なわがあそびにつかわれていた証拠です。

　また、平安時代から鎌倉時代にかけてえがかれた『鳥獣人物戯画*2』にも、なわを持ったウサギや、なわのようなものを持っておどるカエルがえがかれています。

　日本人にとって、なわが昔から身近なあそび道具だったことはたしかです。もっといえば、鳥獣人物戯画にえがかれたものを、なわとびの一種ととらえられなくもないと思われます。

　とはいえ、現在のなわとびのようなあそびがあったかどうかはわかっていません。同じく世界でも、現在のなわとびのようなものが、古くからあったかどうかは、わかっていないのです。

*1 平安時代後期の絵巻。宮廷での行事やあそびなどがえがかれている。もともとは60巻以上あったが、現在は焼失し、十数巻の模写が残っている。
*2 平安時代から鎌倉時代にかけてえがかれたとされる。甲・乙・丙・丁の4巻からなり、作者は不詳。京都・高山寺所蔵。

『鳥獣人物戯画』の一場面。ウサギとカエルがなわを持っているようすが見てとれる。
国立国会図書館所蔵『高山寺蔵鳥羽僧正鳥獣戯画』より

3 『寓意人形』と『子供遊び尽くし』

『寓意人形』は、1614年のオランダで書かれた作品です。『子供遊び尽くし』は、江戸後期の作品です。どちらにも、なわとびがえがかれています。

ヨーロッパでは

ヨーロッパではなわとびはかなり古くから子どものあそびになっていたと考えられます。

17世紀のオランダの詩人ルーメル・ヴィッセルが1614年に書いた『寓意人形』のなかの「愚かな労苦」という作品には、注釈として、なわとびをしながら野原を走る少年について、つぎのように記されています。

「男の子たちはこんなふうにして、自分の手にもっている紐の上を跳び、紐をどうにか足の下にくぐらせる。そのため彼らは非常に疲れ、一呼吸ごとに息を切らせ、顔から汗を流す」

ヨーロッパではおそくとも17世紀には、なわとびが子どもたちのあそびとして広まっていたことがわかります。

「マザーグース」のなかのなわとび

「マザーグース」は、昔からイギリスやアメリカで親しまれてきた童謡の総称です。その数は、1000にもおよぶといわれています。なかにはなわとびをとびながらうたう歌もあります。

1927年のウィンストン社の『家庭、学校、校庭のゲームの本』のなかには、「なわとび歌」がいくつか記されています。また、日本語に翻訳された本としては、『英語のあそびうた　生きているマザーグース』（評論社）にものっています。

ルーメル・ヴィッセル作「愚かな労苦」。
注釈とともに『ブリューゲルの「子供の遊戯」』（森洋子 著、未來社）より転載

『英語のあそびうた 生きているマザーグース』
キャミー・カンダン 編、評論社

パート1　なわとびの歴史

浮世絵では

　日本では、江戸時代末期から明治時代初期にかけて活躍した歌川芳虎が、『子供遊び尽くし』という作品のなかで、なわとびを春のあそびとしてえがいています。

　この作品の制作時期は、江戸時代後期の嘉永年間（1848〜1854年）だとされています。つまり日本では、おそくとも江戸時代には現在のようななわとびが、子どもたちのあそびとして広まっていたことがわかります。

童歌となわとび

　手あそび歌や数え歌など、「童歌」の多くは、江戸時代ごろからうたいつがれてきたものが多いといわれています。そうしたなかにも、なわとびをしながらうたうものがありました（→p16〜17）。

ヨーロッパ・日本どっちが先？

　ここで記したことからすると、なわとびが文献上に登場したのは、ヨーロッパの方が少し早かったように思われます。しかし、10ページの古屋先生のいうように「棒や藤づるのような物をとんでいるうちに思いついたのではないか」とするなら、なわとびが日本に登場したのが、世界よりおそいとは限りません。なぜなら、日本は縄文としてなわの存在が証明されている国だからです（→p8）。

　とはいえ、日本で現在のようななわとびがおこなわれるようになったのは、明治時代で、そのなわとびは、ヨーロッパから持ちこまれたものでした。この点については、つぎのページから見ていきます。

『子供遊び尽くし　春　夏　秋』。3つにわかれた部分は右から「春」「夏」「秋」となり、「春」でなわとびを持つ子ども（赤丸の部分）が登場する。

公文教育研究会 所蔵、赤丸は編集部による

4 明確になった近代のなわとび

近代に入り、なわとびはその姿を文献上ではっきりさせてきました。その最初のものが、1793年にドイツ人のグーツ・ムーツ*という人が書いた『Gymnastik für die Jugend（青少年の体育）』のなかに登場したなわとびです。

近代のなわとびとは？

近代のなわとびは、なわの長さで「短なわとび（短なわ）」と「長なわとび（長なわ、大なわとびともいう）」にわかれます。長なわとびは、2人がなわをまわし、ほかの人がそのなわをとぶというものです。

短なわで1人でとぶ。左右の手でなわの両端を持ち、前後にまわしながらなわにひっかからないようにとぶ。

長なわとびであそぶタイの子どもたち。
© Tomgigabite｜Dreamstime.com

グーツ・ムーツが記したとび方

グーツ・ムーツは『Gymnastik für die Jugend（青少年の体育）』で、「基本運動」「短なわとび」「長なわとび」について、それぞれのとび方を下のように解説しています。

●基本運動
- 前からとぶ方法
- 後ろからとぶ方法
- 走りながらとぶ方法
- 横からとぶ方法　など

●短なわとび
- かんたんな前まわしとび
- かんたんな後ろまわしとび
- 走りながら前からとぶ
- ステップをしながらの前とび
- 交差とび　など

●長なわとび
（その場でおこなう）
- 片足とび
- ダンスステップでとぶ　など

（走りながら大ぜいでとぶ）
- 走ってなわをくぐりぬける
- とんでぬける
- 8の字くぐり　など

また、その運動の内容についても記しています。

○全身の運動である。
○くりかえしの多い運動である。
○知られている運動である。
○早さのみでなく正確さと器用さが養われる。
○判断力が養われる。
○生活の危険をさけるのに役立ち、注意力、観察力を高める。
○いいタイミングを身につける。

（参考：『なわとび』古屋三郎 著、不昧堂出版）

*18世紀にドイツのほぼまんなかに位置するゴータという都市で、体操と地理を教えた教育者。それまでヨーロッパで子どものあそびだったなわとびを世界ではじめて体育に取りいれるなど、「近代体育の父」とよばれている。

パート1　なわとびの歴史

5 なわとびが体育の授業に！

明治時代に入ると、日本はヨーロッパの国ぐにに追いつけとばかりに、富国強兵にやっきになります。身体を手軽にきたえるために、なわとびが学校の「体術（体育）」の授業に取りいれられたのです。

現在の筑波大学

明治政府は1872年、近代教育をはじめ、小学校に「体術」という教科をつくりました。これが日本における「体育」のはじまりとなりました（体術は翌年に「体操」と改名）。

1878年には、体育指導者を育成する「体操伝習所（現在の筑波大学）」がつくられ、そこでは、ヨーロッパやアメリカから体育の専門家をまねいて、体操の指導法の指導がおこなわれました。なわとびも、そのひとつでした。これが、日本の近代的ななわとびのはじまりとなったのです。

体操伝習所は、1886年に東京師範学校体育専修科に改組されて廃止されるまでに、約300人の卒業生をおくりだしました。卒業生たちは、全国の師範学校（教員を養成する学校）に体育の教師として赴任。そして、なわとびを全国の学校にどんどん普及させていったのです。

明治時代のなわとびマニュアル

明治時代、体育の指導のための手引書（マニュアル本）が多数刊行されました。それらには、なわとびの指導法がイラストつきで解説されています。下は、その例です。

『簡易戸外遊戯法』1886年

日本ではじめてなわとびを絵で解説した本。長いなわを2人でまわし、1人がとぶ「長なわとび」が紹介されている。とぶ人がなわにひっかかったり、所定の位置よりはずれたりしたら、別の人に交代すると記されている。

『小学生徒戸外遊戯法』1888年

長いなわを2人でまわし、複数人でいっしょにとぶ方法が紹介されている。また、複数人で短なわとびを同時におこない、失敗したら負けという指導法も紹介されている。

『教育的遊戯の原理及実際』1901年

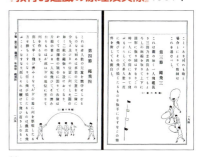

短なわとびや、なわとびをつかったリレーなどがのっている。指導対象は11歳以上の男女児童とされている。

すべて国立国会図書館 所蔵

なわとび歌

ここで江戸時代以降につくられたといわれる「なわとび歌」を見てみましょう。なわとび歌のなかには、「郵便屋さん」という比較的新しい職業が出てくるものもあります。こうしたなわとび歌は、明治時代につくられたと考えられています。

大波小波

♪大波小波で　ぐるりと　まわして
　にゃんこの　目♪

「大波小波で」でなわを左右にふって（ふるのみでまわさない）、それを1人がとぶ。「ぐるりとまわしてにゃんこの」では、ぐるっとなわをまわし（3回転）、それをとぶ。最後の「目」のところでは、着地の際に足のあいだでなわをうまく止める。

郵便屋さん　お入んなさい

♪郵便が　落ちました　ひろってあげましょ
　1枚　2枚　3枚　4枚　5枚　6枚
　7枚　8枚　9枚　10枚　ありがとさん♪

まわっているなわに、タイミングよく入ったらうたいはじめる。「ひろってあげましょ　1枚……」から、しゃがんで両手を地面についてとんでいく。最後の「ありがとさん」のタイミングでなわをぬける。

おじょうさん

♪おじょうさん　お入んなさい
　ありがとう　さぁおいで
　じゃんけんぽん！（あいこでしょ！）
　負けたらさっさと　お出なさい♪

1人がまわっているなわをとびながら、「おじょうさん　お入んなさい」とうたう。「ありがとう」で、もう1人がタイミングよく入り、最初にとんでいる人と向かいあう。「じゃんけんぽん！」でじゃんけんをして、負けた方はなわから出て、勝った方は残る（あいこの場合は、もう一度じゃんけんをする）。これをくりかえす。

お茶のみに

♪お茶をのみにきてください
　はいこんにちは
　いろいろおせわになりました
　はいさようなら♪

まわっているなわにタイミングよく入り、「こんにちは」でもう1人が入って、最初からとんでいる人と向きあう。「いろいろおせわになりました」でおじぎをし、最初にとんでいた人がぬける。

1羽のカラス

♪1羽のカラスが　かぁーかぁー
　2羽のニワトリ　こけこっこー
　3は魚が泳ぎだす　4は白髪のおじいさん
　5はごほうびありがとう　それ1ぬけた
　それ2ぬけた（…中略…）　それ5ぬけた♪

まわっているなわのなかに、歌詞の1から5の数字にあわせて、順番に5人が入っていく。「それ1ぬけた」から、入ってきた順番に1人ずつタイミングよくぬけていく。

6 戦時下の日本のなわとび

第二次世界大戦中、なわ1本あれば、いつでもどこでもできるなわとびは、国民の体力向上のために奨励されました。とくに大なわは、集団で同じ動作をおこなうので、国民の団結・連帯を養うものとして、おおいに推奨されました。

国策で国民に奨励

1940年に神宮競技場でおこなわれた「紀元2600年奉祝行事*」の際、集団によるなわとび体操が披露されました。

じつは、その直前の1939年、ヨーロッパでは、ドイツ、日本、およびイタリアの三国同盟を中心とする枢軸国陣営と、イギリス、ソビエト連邦、アメリカ、および中華民国などの連合国陣営とのあいだで、第二次世界大戦がはじまっていました。そして1941年、ついに日本はアメリカに対し攻撃をしかけたのです。これが太平洋戦争のはじまりでした。

戦争がはげしくなるにつれて、政府は戦場にいく兵士だけでなく、国民全員に対し体力向上につとめるよう宣伝をしはじめました。

まもなく日本の本土決戦がうわさされるなか、男性はどんどん戦場にかりだされ、国内の工場や農地では女性や子どもたちが働かなければなりませんでした。そうしたなか、女性勤労者向けの「ラジオなわとび」が登場。これは、前とびや片足とびなどを組みあわせた3分10秒の運動でした。

「紀元2600年奉祝行事」。戦況が悪化するなか、日本が長い歴史を持つことを再確認するとともに、国民の疲労感をぬぐいさろうと、さまざまな展覧会や体育大会などがおこなわれた。　写真提供：毎日新聞社

*初代天皇とされる神武天皇が即位してから2600年がたったことを祝った行事。

ゴム段

「ゴム段」は「ゴムとび」ともよばれる、
昭和30年代にはやった子ども（とくに女子）のあそびでした。
人の体や電柱にゴムひもをひっかけ、
2本平行になっているゴムを歌にあわせてとびます。

なわとび歌に似ている

ゴムとびは、ゴムに足をひっかけたり、はずしたり、ねじったりという一連の動作を、歌にあわせておこなうあそびです。これは、なわとび歌（→p16～17）と似ています。

1曲を失敗なく終えたら、高さをあげて再挑戦し、失敗すればつぎの人と交代します。歌には「アルプス一万尺」などがあります。

♪アルプス一万尺　小槍の上で
　アルペンおどりを　さあおどりましょ♪

このほか、「春の小川」や「おさるのかごや」「走ろう子馬よ」「さくまのキャンロップ」などがよくうたわれました。

低い位置にゴムがあるときはとびこします。高い位置にゴムがくると、足先でゴムをひっかけて、体をゴムの反対側にうつします。

男とび

ゴムとびは男の子もやっていました。走り高とびのように高い位置にあるゴムに足をひっかけることができるか、チャレンジ！　足を前に高くあげてゴムをひっかけることは、「男とび」とよばれました。

今はすっかりやらなくなった！

かつてゴムとびは、全国の学校のろうかや校庭でかならず見かけたあそびでした。しかし、現在は、もうそのやり方どころか、名前すら知らない子どもたちも多くなってしまいました。

ところが、ゴムとびは、中国や東南アジアの国では現在もあそばれています。

1958年、愛知県名古屋市でゴムとびをする小学生。
写真提供：毎日新聞社

7 大人が夢中になった1960年代

戦後、日本は急速に復興をとげました。1950年代も後半には高度経済成長の時代に入ります。国民の食生活も豊かになります。すると、肥満防止のためのなわとびダイエットが流行したのです。

いつでもかんたんにできる！

日本では1960年代ごろになると、ダイエットをする人があらわれはじめます。当初は、「健康サンダル」や「やせ薬」が流行。1970年代には、「ぶらさがり健康器」や「スタイリー」「ルームランナー」といった、さまざまな器具が流行しました。

そうしたなか、大げさな器具をつかわずに、いつでもかんたんにできるなわとびが注目されたのです。そのきっかけとなったのが、『5分間なわとび健康法』(1977年)という本でした。

この本は、なわとびのとび方以外に、肥満防止について解説。それ以降、なわとびをつかったエクササイズやダイエットが、いろいろ登場してきました。

家庭でランニングができるとして流行した「ルームランナー」。

© Julián Rovagnati ¦ Dreamstime.com

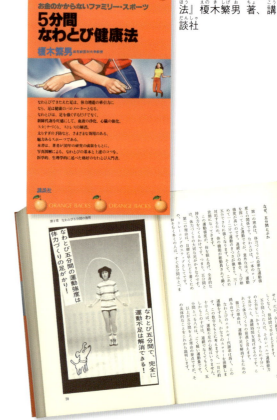

『5分間なわとび健康法』榎木繁男 著、講談社

「レジェンド」鈴木勝己さん

　当時なわとびが大人気となったのは、健康やダイエットによいからという理由のほか、鈴木勝己さんという「なわとび界のレジェンド（伝説）」の存在が大きいといわれています。

　鈴木さんは1938年生まれ。小さいころは体が弱かったといいますが、終戦後の焼け跡の校庭に落ちていた電線で、なわとびをとんだのがきっかけで夢中になり、その後なわとびの実力をどんどんあげていきました。

　鈴木さんは1975年、新聞にのっていたなわとびの『ギネス世界記録』をぐうぜん目にしたといいます。自分の方がもっととべると、新聞社に連絡して記録に挑戦。結果、当時の記録をやぶり、以降、「二重とび」1万133回、「三重とび」381回、「四重とび」51回、「五重とび」5回といった記録をどんどんうちたてていきました。

　その鈴木さんの『ギネス世界記録』挑戦のようすや練習方法などがテレビなどマスコミに紹介されると、より多くの人たちが、なわとびの魅力と運動効果（→p22）に興味をもったのです。

　鈴木さんは、2016年現在78歳になっても、毎日「三重とび」を80回とぶといいます。目標は、80歳でも「三重とび80回」をとびつづけることだと語っています。

世界記録を更新した当時の鈴木さん。

2015年、76歳のときの鈴木勝己さん。整体院の院長をつとめながら毎日のトレーニングを欠かさないという。

たくさんのなわが並ぶ鈴木さんのトレーニングルーム。

写真提供（p21）：くまがやねっと

なわとびの運動効果

なわとびの高い運動効果は、科学的に証明されています。
そのため、健康やダイエットのためだけでなく、
トップアスリートたちも、
なわとびをトレーニングに取りいれているのです。

ダイエットにも健康維持にも効果あり

なわとびには、おもに以下のような3つの効果があるといわれてきました。

①有酸素運動

運動には、「有酸素運動」と「無酸素運動」がある。有酸素運動は、比較的長い時間、筋肉をつかいつづけるときの運動のこと。エネルギー源として、体内の脂肪を燃やしてつかう。無酸素運動は、瞬間的に筋肉をつかうときの運動で、筋肉にためた糖質をつかう。なわとびは、とびつづけると有酸素運動となり、脂肪が燃え、ダイエットにつながると期待されている。なお、ジョギングやウォーキング、水泳なども有酸素運動だが、なわとびはこれらの運動よりも短時間でいつでもできるというメリットがあるといわれている。

②心肺機能・新陳代謝アップ

有酸素運動をすると、息があがる。すると、体はたくさんの酸素をすいこんで、全身に血液をめぐらせようとする。これにより、心肺機能が高まる効果もある。また、血液のめぐりがよくなると、体の古い組織が新しい組織に入れかわる「新陳代謝」が活発になり、疲れがたまりにくい体質になることが期待される。

③全身の筋肉をつかう

なわとびをとぶと、全身の筋肉をつかう。ジャンプをするときには、足首、ふくらはぎ、太ももなど、下半身のほとんどの筋肉を使用。なわをまわすときには、腕の筋肉をつかう。同じ場所にとどまって、バランスよくジャンプしないといけないので、腹筋や背筋をつかうのはもちろん、体の奥深くにある筋肉（インナーマッスル）も使用する。そのため、バランスのよい筋力アップにつながるといわれる。

© golubovy - fotolia.com

アスリートがなわとびをする理由

アスリートのなかには、体力向上だけでなく、競技の技術力をあげるためになわとびに取りくむ人も多くいます。

瞬発力をきたえる

「二重とび」をくりかえすと、瞬発力をきたえることができる。高くジャンプすることにもつながり、バスケットボールやバレーボールの選手などがトレーニングに取りいれている。

リズム感を養う

ボクサーは、リズムよくステップをふんで、パンチをくりだしたりよけたりする。また、バドミントンでも、つねにステップをふんで、シャトルを追う。そのため、ボクサーやバドミントン選手は、トレーニングで、高速でテンポよく「かけ足とび」をしてリズム感を養う。

© Vadymvdrobot | Dreamstime.com

© bernardbodo - fotolia.com

つま先で走る感覚を養う

野球、サッカーなどでは、つま先に力を入れてダッシュする。つま先立ちでなわとびをとぶことで、走る際につま先で地面をとらえられるようになるという。

© Photographer Katja - fotolia.com

8 学校で大流行した1980年代

日本では、1980年代ごろから子どもたちの体力低下が社会問題化してきました。そうしたなか、全国の自治体や学校では、楽しみながら体力づくりができるなわとびが体育の時間以外にも積極的に活用されたのです。

なわとび検定

学校のなかには、「検定制度」を導入しているところがあります。かんたんな技を一定の回数とべたら級があがり、少しずつむずかしい技に挑戦していくというものです。休み時間になると、子どもたちが競って検定に挑戦する姿が見られる学校もあります。

現在、こうした検定制度は、各学校それぞれの基準でおこなわれています。しかし、その先駆けとして、なわとびの専門家から評価が高いのは、「INF国際なわとび競技連盟」会長の太田昌秀さんが1986年に著した「INFなわとびハンドブック」です。

この本にのっている、INF国際なわとび競技連盟の検定には50級から1級までの技があります。50級の技は「両方の柄をまとめて片手に持ち、前方にまわしながら前に歩く」という「とばないなわとび」(→p40~43)です。

こうした検定制度は、けん玉などにも見られますが、なわとびにしろけん玉にしろ、現在、外国でもさかんにおこなわれているものの、日本のような検定制度は見られません。

もとより、検定制度をつくって、なんらかのものごとを普及・発展させるというやり方は、日本人が得意とするもの。モチベーション(→p4)を高める方法として、各方面でよくつかわれています。

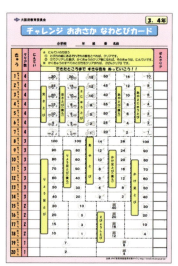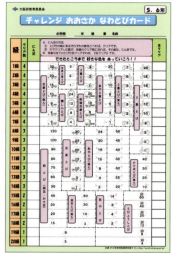

大阪府教育委員会が作成しているなわとび級検定のカード。

パート1　なわとびの歴史

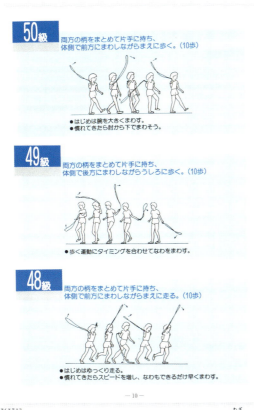

『INFなわとびハンドブック』。50級から1級までの技がイラストつきで解説されている。

『INFなわとびハンドブック』
（太田昌秀著、アシックス）

1987年、東京都江東区の保育園でなわとびをする園児たち。写真：東京都提供

パート2 ロープスキッピングとは

JRSFの大会でおこなわれた個人戦フリースタイルの演技のようす。
写真提供：日本ロープスキッピング連盟

1 なわとびが競技に！

これまで子どものあそびや体育、大人のダイエット、アスリートのエクササイズなど、多方面で親しまれてきたなわとびですが、近年になって、とぶ技術やパフォーマンス（演技）を競う競技がさかんになってきました。

ロープスキッピングの誕生

なわとびは、アメリカでは「Jump Rope」、イギリスで「Rope Jumping」などとよばれてきましたが、近年、なわとびを競技として普及・発展させようと考える人たちが、なわとびのことを「Rope Skipping」とよぶようになりました。

1996年には、アメリカで「国際ロープスキッピング連盟（FISAC-IRSF）」が設立され、競技のルールが制定されました。

翌1997年には、第1回世界ロープスキッピング選手権（以下、世界選手権）をオーストラリアで開催しました。

FISAC-IRSFのホームページによれば、現在の参加国は29か国（暫定をふくむ）。2年に1回、開催地をかえながら世界選手権がおこなわれています。

2016年にはスウェーデンで第11回世界選手権が開催され、21か国800人以上もの選手が参加しました。

「なわとび」を外国語でなんという？

これまでのなわとびは、各国語ではつぎのようにいわれていました。

- 中国語：跳绳
- 韓国語：줄넘기
- ドイツ語：springseil
- ロシア語：скакалка

「ロープスキッピング」の定義

FISAC-IRSFは、「ロープスキッピング」について、「なわをとんでいれば、すべてロープスキッピング」であると定めています。

１人でとぶなわとびだけではなく、複数人でとぶ大なわとび（→p14）も、２本のなわをつかう「ダブルダッチ」（→p30〜31）も、２人で２本のなわをとぶ「チャイニーズホイール」もすべて「ロープスキッピング」です。また、この競技の選手を「Rope Skipper」といいます。（この本では、パート１・２の筆者が特別に「新縄人」と名づけた）。

日本ロープスキッピング連盟設立

これまで日本にはINF国際なわとび競技連盟（→p24）や各都道府県のなわとび協会など、なわとびに関するさまざまな団体があり、それぞれが大会を主催するなどさまざまな活動をおこなって、なわとびの発展と普及に貢献してきました。ところが、いくつもの団体をまとめる組織はありませんでした。

そんななか、FISAC-IRSF設立から数年後の2003年、日本でのなわとびのいっそうの普及・発展をめざし、日本ロープスキッピング連盟（JRSF）がFISAC-IRSFの日本支部として設立されました。その目的には、「国民の健康向上をめざすこと」がかかげられました。

JRSFは2005年、第１回全日本ロープスキッピング選手権大会を開催。以降、毎年全国大会をおこない、上位入賞選手をアジア大会や世界選手権へ派遣するなどしてきました。

2016年現在、JRSFには279人の会員がいるといい、つぎの通り、ロープスキッピングに関するさまざまな事業をおこなっています。

■JRSFの事業

① アジア・世界選手権大会への選手派遣、並びに選手育成
② 定期的な練習会・講習会・キャンプ・競技会などの開催
③ 指導者や審判員の養成と派遣
④ ロープスキッピングの普及、奨励
⑤ ロープスキッピングに関する調査、研究
⑥ ロープスキッピングに関する書籍・ビデオ・その他映像メディア等の出版（会報誌）
⑦ 跳び縄の販売（なわとび関連グッズ）
⑧ その他前条の目的を達成するために必要と思われる活動

JRSFホームページより

2 ロープスキッピングの大会

JRSF（→p27）が主催するロープスキッピングの大会では、1人でとぶ個人戦と4～5人のチームでとぶ団体戦がおこなわれています。とんだ回数だけでなく、技の種類・難易度などを競いあいます。

競技種目と順位の決め方

「ロープスキッピング」の大会は、個人戦、団体戦で競われます。ともに複数の種目があり、種目ごとに得点がつけられ、順位が決まります。種目ごとの順位に応じて、総合順位が決定します。

得点は、とんだ回数と技の種類・難易度によってつけられます。

別枠種目

個人戦では以下の2種目もおこなわれますが、結果は、総合順位には反映されません（種目ごとに優勝者が決まる）。

● 30秒スピード（二重とび）
30秒間で二重とびが何回とべるかを競う。

● 三重とび
時間制限なしで三重とびを連続で何回とべるかを競う。

個人戦

「スピード」2種目と、「フリースタイル」という種目の合計3種目で順位が決まります。

● 30秒スピード（かけ足とび）
30秒間でかけ足とびを何回とべるか競う。スタートダッシュが勝敗をわける。空気をきる音が競技場内にひびきわたる。

● 3分スピード（かけ足とび）
3分間でかけ足とびが何回とべるかを競う。全身の筋肉をめいっぱいつかうはげしい種目で、終了後はマラソン大会のゴール後のようにたおれこむ選手も多い。

● フリースタイル
50秒～75秒以内に各自自由に演技をおこない、技の難易度や完成度を競う。音楽にあわせて技がいくつもくりだされる、ロープスキッピングの花形競技。

個人戦のスピード種目（かけ足とび）。右足が床につく回数を数え、30秒で100回前後になる選手もいる。

写真提供：日本ロープスキッピング連盟

パート2　ロープスキッピングとは

団体戦

1チームあたり4〜5人で競います。1人1本のなわをつかうシングルロープ（SR）とダブルダッチ（DD、→p30〜31）があり、これらの合計点で順位が決まります。

● SRチームフリースタイル

4人1組で、1人が1本のなわを持つ。50秒〜75秒以内に自由に演技をおこない、難易度や完成度を競う。音楽にあわせて、4人がポジションを入れかえたり動作をそろえたり、わざと動作をずらしたりしながら、次つぎと技をくりだしていく。

● DDフリースタイル

3人1組で50秒〜75秒以内に自由に演技をおこない、難易度や完成度を競う。アクロバティックな技がくりだされる団体戦の花形競技。

● SRスピードリレー

4人1組となり、1人ずつとんでいくリレー形式の種目。4人がそれぞれ30秒間かけ足とびをおこない、計2分で4人がとんだ合計回数を競う。

● DDスピードリレー

4人1組で、2人がロープをまわし、1人がとび、1人は待機する。1人が45秒とんだら「スイッチ！」と声をかけ、とぶ人、まわす人、待機する人を規定の順番で入れかえる。これをくりかえし、4人がとんだ合計回数を競う。SRスピードリレーよりも速いスピードでなわがまわるため、全員が息をぴったりあわせることがもとめられる。

団体戦のシングルロープ（SR）チームフリースタイル。4人で息をあわせて演技をおこなう。
写真提供：日本ロープスキッピング連盟

別枠種目

団体戦では以下の2種目もおこなわれますが、結果は、総合得点には反映されません（種目ごとに優勝者が決まる）。

● DD30秒シングルスピード

3人1組で、1人が30秒間で何回とべるかを競う。

● DD30秒ダブルスピード

4人1組となり、2人同時に30秒間で何回とべるかを競う。

世界選手権での団体戦

世界大会では、個人戦はJRSFの種目と同じですが、団体戦は以下の6種目がおこなわれます。

● SRスピードリレー

4人1組で30秒スピード（かけ足）をとび、その合計回数を競う。

● DDスピードリレー

4人1組で45秒ずつをとび、その合計回数を競う。

● SRペアフリースタイル

2人1組で45秒〜75秒以内に自由に演技をおこない、難易度や完成度を競う。

● SRチームフリースタイル

4人1組で45秒〜75秒以内に自由に演技をおこない、難易度や完成度を競う。

● DD3人フリースタイル

3人1組で45秒〜75秒以内に自由に演技をおこない、難易度や完成度を競う。

● DDチームフリースタイル

4人1組で45秒〜75秒以内に自由に演技をおこない、難易度や完成度を競う。

3 ダブルダッチって、なに？

ダブルダッチは、長なわとびを2本つかったなわとびで、現在はロープスキッピングの種目のひとつとなっています。アメリカ発の「ストリート・カルチャー」として世界じゅうの若者に人気がありますが、その起源は、オランダです。

古いダブルダッチの歴史

日本ダブルダッチ協会（JDDA）によれば、ダブルダッチの歴史はつぎのようなものだといいます。ダブルダッチは、今から300年以上も前に、その名の通り「Dutch（オランダ人）」によって、アメリカへ持ちこまれました。まもなくアメリカでは、せまい路地でも、なわが2本あればかんたんにあそべることから、子どもたちのあいだでどんどん広がりました。ところが、1950年代末ごろになると、しだいにすたれて忘れられてしまいました。

1973年のある日、ニューヨーク市の2人の警察官がダブルダッチに興じる女の子たちの姿を目にしたといいます。夢中であそぶ女の子の姿を見て、その警察官は、このあそびがもっと広がれば、当時深刻化していた少年・少女の非行の防止に役立つのではないかと考え、とび方のルールをつくり、普及。1974年、「第1回ダブルダッチ・トーナメント」が開催されました。

ダブルダッチは現在、アメリカ発の「ストリート・カルチャー」として世界的に普及し、若者、子どもを中心に人気が出ています。さらに、29ページで見たように「ロープスキッピング」の種目のひとつとなり、競技性も高まり、より多くの人がおこなうようになりました。

日本ダブルダッチ協会が主催する大会「DOUBLE DUTCH CONTEST WORLD 2016」でオープン（19歳以上）部門2位となった、アメリカのチーム「Hot Dog USA」のパフォーマンス。

写真提供：特定非営利活動法人日本ダブルダッチ協会

パート2　ロープスキッピングとは

ダブルダッチの競技ルール

ダブルダッチでは、集中力、持久力、リズム感、創造力、バランス、そしてチームワークなどが身につくといわれています。その基本は、つぎの通りです。
・向かいあった2人のターナー(回し手)が、左右の手に1本ずつなわを持ち、左右の手を半周ずらして内側にまわす(どちらかの手を先に半周まわしたところでもう一方の手をまわす)。
・ジャンパー(とび手)は、まわっている2本のなわをさまざまな技をしながらとぶ。

現在ロープスキッピングの種目としては、①スピード種目、②規定演技種目、③フリースタイル種目、④フュージョン種目の4つの競技がおこなわれています。そのうち①②③は、シングルスとダブルスのふたつのとび方があります。シングルスは、2人のターナーと1人のジャンパーの3人でおこない、ダブルスは、2人のターナーと2人のジャンパーの4人でおこないます。

①スピード種目　2分間で何回とぶことができるかを競う。ジャンパーのどちらか片方の足[*1]が床についた回数を数える。
②規定演技種目　決められた時間内(シングルスは25秒、ダブルスは35秒)に演技をおこなう。正確さ、演技の見た目が判定の基準。ダブルスは、2人のジャンパーが同時にとび、動作がそろっているかも判定の基準になる。
③フリースタイル種目　1分間でチーム独自の演技をおこなう。チームワークと高度なテクニック、オリジナリティが評価の対象となる。演技中にジャンパーとターナーが交代してもよい。
④フュージョン種目　フリースタイルの演技に音楽を融合(フュージョン)させたもの。3分以内にチーム独自の演技をおこなう。メンバーの人数に決まりはなく、演技中にジャンパーとターナーが交代してもよい。

日本は、強豪国！

日本では1996年に「日本ダブルダッチ協会」が発足。その年の世界選手権[*2]で、日本のチームはフュージョン種目で優勝をはたしました。その後も日本のチームはほぼ毎年優勝をしつづけてきました。

現在、世界大会には小学生・中学生部門がもうけられています。2009年には日本でも、その予選大会の「Double Dutch Delight Kids[*3]」がはじめて開催されました。

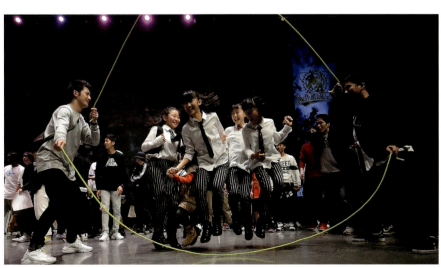

「DOUBLE DUTCH CONTEST WORLD 2016」ジュニア部門に出場した東京都中央区立有馬小学校のチーム Rush∞Ace。写真は競技の合間のようす。

写真提供：特定非営利活動法人日本ダブルダッチ協会

*1 大会によって右足か左足かがことなる。　*2 アメリカのナショナルダブルダッチリーグ主催の大会。
*3 現在は、Double Dutch Delight Next Heros。

4 技の数は1000以上に！

「ロープスキッピング」は、競技としての歴史はまだはじまったばかりだというのに、その技の数は1000以上になったといわれています（2016年現在）。しかも、新しい技が今もどんどん生みだされています。

新しい技の名前

ロープスキッピングでは、新しい技を生みだした人が、技の名前をつける権利を持つことがあるといいます。

1000種類以上といわれる技のなかには、その技を生みだした人の名前に由来するものも少なくないといわれています。

動画投稿サイトの力とは？

現在のロープスキッピングの世界的な広がりには、インターネットの動画投稿サイトのはたした役割が大きいといわれています。世界じゅうのロープスキッピングの愛好者たちは、動画投稿サイトにアップされたすぐれた技を見て、まねしたり、あらたな技の開発の参考にしたりしています。おたがいにインターネットを通して連絡を取りあって情報交換もさかんにおこなわれています。もちろん、そこには、国境はありません。

動画投稿サイトの例

FISAC-IRSFの世界選手権での優勝経験もあるハンガリー出身の女性ロープスキッパー、アドリアン・バンヘギーさんは2013年4月、動画投稿サイトに自身のパフォーマンス動画をアップ。すると、それを見た世界じゅうの人たちから「自分の知っているなわとびとは次元がちがう」などというコメントが殺到したという。彼女の動画は、2016年7月までに780万回以上も再生された。

https://www.youtube.com/watch?v=J077NL55p5c

アメリカ出身で何度も世界チャンピオンにかがやいているニック・ウッダードさんは、自身の技をプロモーションビデオにまとめ、動画投稿サイトにアップ。その映像は、技のようすがよくわかると評判になり、これまでに370万回以上も再生された。

https://www.youtube.com/watch?v=zU2JUIiM_Mw

パート2　ロープスキッピングとは

実際の交流こそがたいせつ

現在、動画投稿サイトなどが、世界じゅうの人たちの国境をこえた相互交流を可能にしています。その利点は、いうまでもありませんが、それでも直接目の前で生の技を見て、選手どうしが実際に交流することのよさにはかないません。

このため、FISAC-IRSFやJRSFの大会では、選手はもちろん観客も参加できる交流会に力を入れているといいます。

競技終了後におこなう交流会では、選手どうし、なわを取りだしては、試合中におこなった技をたがいに教えあう光景があちらこちらで見られます。

こうした交流こそが、ロープスキッピングの発展を支えているといえるでしょう。

JRSFの大会の際におこなわれた選手どうしの交流会。

写真提供：日本ロープスキッピング連盟

海外の大会へ出場した日本人選手たち。出場者はなわとびを通じて世界の人びとと交流している。

写真提供：日本ロープスキッピング連盟

5 なわの進化

日本のなわとびのなわは、時代とともにどんどん進化してきました。現在では、目的に応じていろいろなものがあります。

麻なわ。麻は、日本で古くから活用されてきた。

麻なわから「塩ビ」に

日本では、1950年代ごろまでは、麻などの天然素材でできたなわを手にまきつけて、なわとびをしていました。その後、木製の持ち手（柄／グリップ）がついたなわが登場してきました。

塩化ビニール（塩ビ）製のなわとびが開発されたのは、1950年代後半のことだといいます。グリップつきで、よりはやくまわすことのできる塩ビのなわとびは、またたくまに子どもたちに普及していきました。二重とびができなかった子どもも、できるようになったといいます。

最近では、塩ビだけではなく、より環境への負担の少ないポリウレタン製のなわとびが多く販売されています。

「たまごツイスト」

1970年代にハウス食品が「ハウスシャンタンメンたまごめん」というインスタント麺を販売。それには「たまごツイスト」とよばれるおもちゃの抽選がついていました。なわの一方の先に輪っか、反対の先におもりがついていて、一方の足を輪っかに通してなわを地面と平行にまわし、もう一方の足でとぶというものです。このおもちゃをきっかけに、同じようななわとびが流行しました。ふつうのなわとびを「たて回転」とよぶなら、このなわとびは、「横回転」というわけです。

1999年には、おもちゃメーカーのバンダイが「Jロープ」といわれるなわとびを発売。おしゃれなデザインが話題になりました。

学校などで親しまれている塩ビのなわとび。

「たまごツイスト」が入ったパッケージと抽選のチラシ。
写真提供：(株)三月うさぎの森 たいむましん

パート2　ロープスキッピングとは

競技用なわとびの誕生

ロープスキッピングがさかんになるにつれ、スポーツメーカーによって競技用の高性能のなわとびが開発されるようになりました。さまざまな工夫がこらされ、より高性能のものがどんどん開発されています。

さらに、エクササイズやダイエットに適したなわとびも次つぎに登場しています。

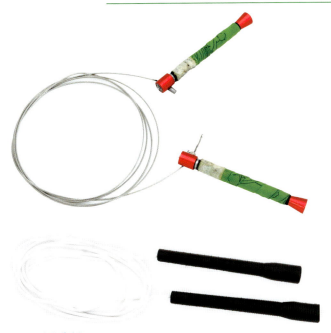

↑競技用なわとび
世界大会などでつかわれる競技用なわとび。スピードが必要な競技にはなわの部分が細いワイヤーでできたもの（上）を使用するなど、競技によってつかいわける。

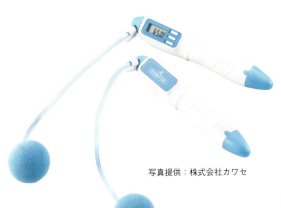

写真提供：株式会社カワセ

↑なわのないなわとび
2本の持ち手に短いロープとおもりがついたなわとび。とんだ回数は持ち手に表示される。

写真提供：株式会社タニタ

↗カウンターつきなわとび
とんだ回数が記録され、持ち手部分にあるカウンターに表示されるなわとび。

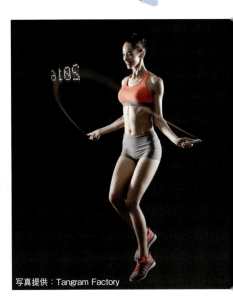

➡スマホ連動のなわとび
なわとびを連続でまわすと、ロープ部分に内蔵されているLEDが発光し、とんだ回数や消費カロリーなどが目の前に浮かびあがる。データはスマートフォンに記録され、データ管理ができる。

写真提供：Tangram Factory

生山ヒジキのなわとびコレクション

現在では、目的に応じてたくさんの種類がつくられているなわとび。パート3で登場するロープスキッパーの生山ヒジキさんは、そんなさまざまななわとびを集めるコレクターでもあります。生山さんのなわとびに関するコレクションを少しだけ見せてもらいましょう。

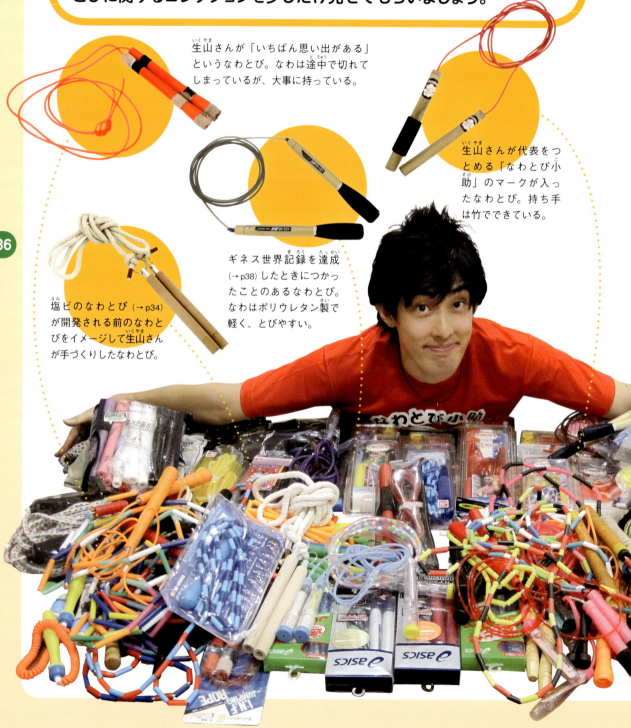

生山さんが「いちばん思い出がある」というなわとび。なわは途中で切れてしまっているが、大事に持っている。

生山さんが代表をつとめる「なわとび小助」のマークが入ったなわとび。持ち手は竹でできている。

ギネス世界記録を達成（→p38）したときにつかったことのあるなわとび。なわはポリウレタン製で軽く、とびやすい。

塩ビのなわとび（→p34）が開発される前のなわとびをイメージして生山さんが手づくりしたなわとび。

1st SOUTH ASIAN JUMP ROPE CHAMPIONSHIP 2011 ON 15 - 18 JULY, KATHMANDU, NEPAL

世界各地でおこなわれるロープスキッピングの大会で、各国から集まった選手と交換したTシャツ。一枚一枚に思い出がある。

背中に書かれた文字の意味は、「第1回南アジアなわとび大会 2011年7月15日〜18日 ネパール、カトマンズ」。「なわとび」は「JUMP ROPE」と記されている（→p26）。

生山さんが大会で獲得した数かずのメダル。左上は中国でギネス世界記録を更新したときのもの。メダルの裏と箱にある「吉尼斯」の文字が中国語で「ギネス」をあらわしている。右下は2014年のWorld Jump Rope（世界大会）での金メダル。

6つのギネス世界記録®を更新

生山ヒジキさんは、2014年から2015年にかけてなわとびのギネス世界記録に挑戦して、下にある6つの世界記録の達成に成功。2014年には、なわとびの世界大会 World Jump Ropeで優勝をはたしました。

① 30秒間の後ろあやとび最多回数

② 1分間の後ろあやとび最多回数

③ 30秒間の後ろとび最多回数

④ 1分間の後ろとび最多回数

⑤ 30秒間の10mなわとび最多回数

⑥ 30秒間の後ろ二重あやとび最多回数

※この情報は2015年時点のものです。

2015年10月、6つのギネス世界記録保持者となった生山さん（写真中央）。

パート3

世界の技ベストセレクション

「なわとびは、とべるか・とべないかからはじまってしまうことが多いです。最初のひととびをとべた人は、その先のなわとび人生がどんどん楽しくなります。しかし反対に、とべなかった人は、なわとび人生どころか、運動そのものがいやになってしまうことだってあるのです。なわとびは、とべるか・とべないかからはじめるだけでなく、ちがったやり方もあります」

こう話すのは、プロ・ロープスキッパー・生山ヒジキさん。

もとより、「ロープスキッピング」の技は、とび方や体の動かし方によっていくつかの種類に分類されます。

その分類方法もいろいろありますが、この本では、つぎの7つに分類してあります。「とばないなわとび」のうち、40〜42ページで紹介する技は、「とべるか・とべないかからではなく、とべなくても楽しめるなわとびはある!!」という生山さんの思いによるものです。

① **とばないなわとび**
② **ステップ系**
③ **クロス系**
④ **レッグオーバー系**
⑤ **ローテーション系**
⑥ **パワー系**
⑦ **まだまだあるすごい技**

●なわの長さは、一方の足でなわをふんづけてのばしたときに、なわのはじまり（グリップからなわが出ている部分）が脇からおへその中間ぐらいになるように調節する。

①とばないなわとび

なわとびは、人類がなわを発明する以前から「原始生活に使用した棒や藤づるのような物をとんでいるうちに思いついた」(→p10) もの。その時代から「とべるか・とべないか」があったのかもしれません。一方、「とばないなわとび」も……。

クロスストップ

交差している腕を開く。

両足のつま先をあげたところに、左右の腕を交差（クロス）させた状態のなわをひっかける。

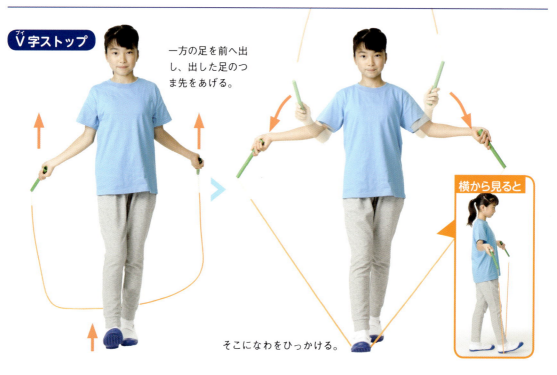

V字ストップ

一方の足を前へ出し、出した足のつま先をあげる。

そこになわをひっかける。

横から見ると

パート3 世界の技ベストセレクション

クロスフリーズ

なわを体の前に持ってくる。

手で交差の形をつくる。

交差の中心を肩の高さまで持ってくる。

交差の上の手を脇のあたりまでひくと、なわで輪ができる。

ひいた手をその輪にまっすぐにさす。

最後に横に手を開く。

グリコ

大阪・道頓堀にあるグリコの看板。

体の後ろにあったなわを前へ持ってきて、一方の足でなわをまたぎ、もう一方の足の甲になわをのせる。

バンザイをするように両手をあげていく。同時に甲にのせたなわをその足にひっかけるように、その足を後ろの方へあげる。グリコの看板の人がなわを持っているようなポーズになる。

アームラップ

体の後ろにあったなわを前へ持ってきて、仮面ライダーの「変身ポーズ」をする（その際、曲げた方の腕の位置は胸の前で固定。のばした方の腕は、わずかに前後にブラブラさせてなわを前後にゆらす）。

なわのゆれ幅が大きくなってきたら、のばしている腕になわをグルグルとまきつけていく。

ヒーローフィニッシュ

「アームラップ」で、なわを腕にまきつける際、のばした腕と反対側の足を後ろから横へ移動させる。

なわを腕に1〜2回まきつけてから、なわに足を入れてひっかける。

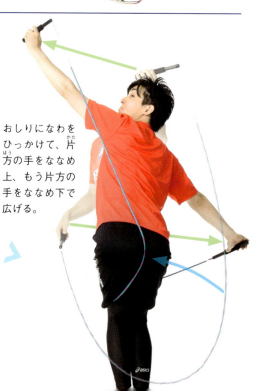

おしりどめ

体をななめに向けておしりをつきだす。

おしりになわをひっかけて、片方の手をななめ上、もう片方の手をななめ下で広げる。

パート3　世界の技ベストセレクション

サイドスイング

かえしとび（エレクトロン・マリーナ）

「サイド」は「横」、「スイング」は「ふる」の意味。体の左右どちらか一方で、写真のようになわをまわす。それでもかっこよくまわせるか、まわせないかがある。

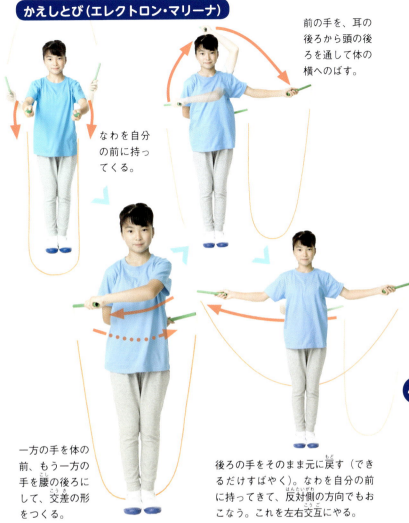

なわを自分の前に持ってくる。

前の手を、耳の後ろから頭の後ろを通して体の横へのばす。

一方の手を体の前、もう一方の手を腰の後ろにして、交差の形をつくる。

後ろの手をそのまま元に戻す（できるだけすばやく）。なわを自分の前に持ってきて、反対側の方向でもおこなう。これを左右交互にやる。

「ポーズ」の重要性

　ここまでで紹介した「とばないなわとび」のなかでも、「サイドスイング」と「かえしとび」以外の技は「ポーズを決める」というものです。
　生山さんは「ポーズ」が重要である理由について、体操競技を例に説明しています。
　体操競技では、床でも鉄棒でも、演技のはじめとフィニッシュ（終了）と同時にきっちり「決めポーズ」をします。着地に失敗してふらついても「決めポーズ」をして演技を終えます。
　ロープスキッピングでは、体操の「決めポーズ」と同じ役割をするのが、「ポーズ」というものです。すなわち、「ロープスキッピング」の演技の最後の決めポーズになるもの。このことについて、生山さんは、つぎのようにも話しています。

ヒジキからのアドバイス

二重とびやハヤブサのような高度な技ができなくても、前とびをとんで最後にポーズを決めるだけで、ただとぶだけじゃない、なわとびの楽しさを発見できると思うよ。こうしていろいろな方向から楽しめるのも、なわとびの魅力のひとつだよ。

②ステップ系

「ロープスキッピング」の技のなかで、とくに足の動きに特徴がある技は「ステップ系」に分類できます。ここでは4つの技を紹介します。

ヒジキからのアドバイス

持ち手の端をにぎって親指をたてて持つと、なわとびがとびやすくなると思うよ。試してみてね。

片足とび

名前の通り、左右どちらかの足で、けんけんをしながらとぶ。

ベル

ふつうになわとび（前とび→右ページ）をしながら、着地する両足を1回ずつ前後に動かす。鐘（ベル）がなるときの動きに似ている。

スキーヤー

ふつうになわとび（前とび→右ページ）をしながら、着地する両足を1回ずつ左右に動かす。スキーヤーが左右に動くのに似ている。

かけ足とび

これも名前通りで、その場でかけ足をしながらとぶ。ロープスキッピングの大会では、スピード競技の種目としておこなわれる（→p28）。

パート3 世界の技ベストセレクション

③クロス系

「クロス系」の技は、「交差とび」や「あやとび」のように、腕をクロス（交差）してとびます。これは昔から、なわとびの基本の動作のひとつとされてきました。

交差とび

前とび

ヒジキからのアドバイス

交差した腕が上の方にあると、ひっかかりやすい。「前とび」「交差とび」だけでなく、どんな技もなわは地面につくようにまわすこと。また、腕の交差はできる限り大きく（深く）する。交差が小さい（浅い）と体が通るスペースが小さいため、とびにくい。

悪い例

よい例

「なわを後ろから前へまわして、なわが前にきた瞬間に両足をそろえてなわをとびこえる」これがなわとびのもっとも基本である「前とび」だ！「交差とび」は、腕を交差させたままなわをとぶ。

45

ムササビ（交差二重とび）

「ツバメ」ともよばれる技です。なわとびの技にはこのように、鳥の名前がついていることが多くあります。腕の動きが、鳥が羽を広げたりとじたりする動作に似ているからだといわれています。ただし、よび名は、日本でも、地方によってちがうこともあります。

後ろから前になわをまわす

腕を交差させて二重とびをする。そもそも二重とびは、1回のジャンプのあいだになわを2回まわす技だが、腕を交差させたまますばやくまわすには、練習がいる。なわと腕が「ℓ」の形に見えることから、「リットル」とよばれることもある。

ヒジキからのアドバイス

二重とびの予備練習として、「1・2・3の、1・2で小さいジャンプ、3で大きくジャンプ。その瞬間に空中でももを2回たたく」というやり方がある。こうするのは、空中で2回ももをたたくタイミングが、2回なわをまわすのと同じだからだ。

あやとび

前とびと交差とびを1回おきにくりかえす。

ヒジキからのアドバイス

「前とびとんだら〜♪交差とび〜♪前とびとんだら〜♪交差とび〜♪」といったぐあいに頭のなかでうたいながらやってみると、成功率があがってくるよ。

パート3 世界の技ベストセレクション

ハヤブサ（あや二重とび）

1回のジャンプをしているあいだに、前とびと交差とびをすばやくおこなうむずかしい技。下の①②のように、2通りのやり方があります。

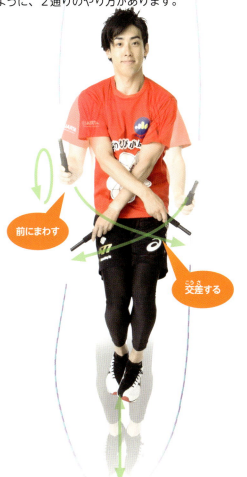

前にまわす

交差する

①大きくジャンプして前とびをする。足が地面につく前に腕を交差させ、もう1回なわをまわす。

②大きくジャンプして交差とびをとぶ。足が地面につくまえに腕の交差を開き、前とびで着地する。

TS（背面交差とび）

後ろから見ると

なわを長めに持ち、手を背中で交差させてとぶ。

ヒジキからのアドバイス

ポイントはふたつ。ひとつは、手を後ろで交差させる前に前とびを2〜3回とぶと、勢いがついてとびやすくなるよ。もうひとつは、背中の後ろでつくる交差は、正面から見たとき腰の外からしっかり両方の手が見えているようにすること。

悪い例 / よい例

手が見えていない / 手が見える

47

AS 両方の腕をももの裏へまわし、なわを交差させてとぶ技です。

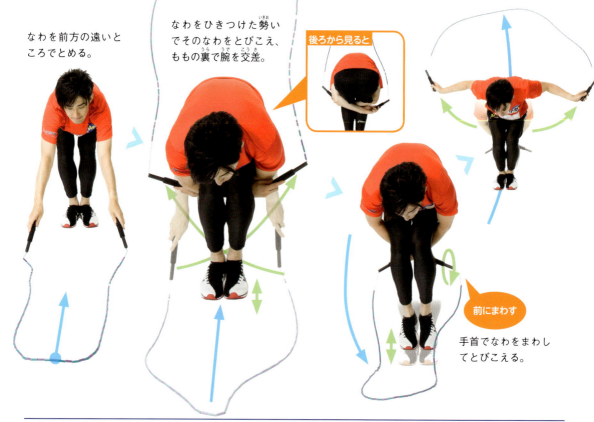

CL 片腕は足のももの裏、もう一方の腕は背中の後ろへまわし、なわを交差させてとびます。なわは、とてもまわしにくいので、難易度が高い技です。

パート3　世界の技ベストセレクション

④レッグオーバー系

レッグオーバー系は、脚（レッグ）をあげて、その下側に腕を通し、なわをまわす技の総称です。ここでは、「モンキー」「トード」「クルーガー」「オウサムアニー」「TJ」「ジャーミー」を紹介します。

モンキー　サルのようなかっこうをして脚の下側になわを通し、グルグル回転していく技です。

まわる方向を決める。左回りなら右の手が下、左の手が上のこの形からスタート（右回りなら逆）。

回転しながらなわを脚の下側に通す。右の方からまわってきたなわを、左足をあげて下にくぐらせる。

その場で体をまわしながらこれをくりかえす。

体の左側からまわってきたなわを、右足をあげて下にくぐらせる。

トード

なわを後ろから前にまわして、一方の脚をあげ、なわをその下に通す。

あげた脚と反対側の腕を、あげた脚の内側から外へ出す。もう一方の腕は交差とびの形をつくる。

一方の足でとぶ。

クルーガー

一方の脚をあげて、その脚と同じ側の腕を脚の内側から外へつきだす。もう片方の腕は前とびの形でなわをまわし、片足でとぶ。

オウサムアニー

トードとクルーガーを組みあわせた技です。

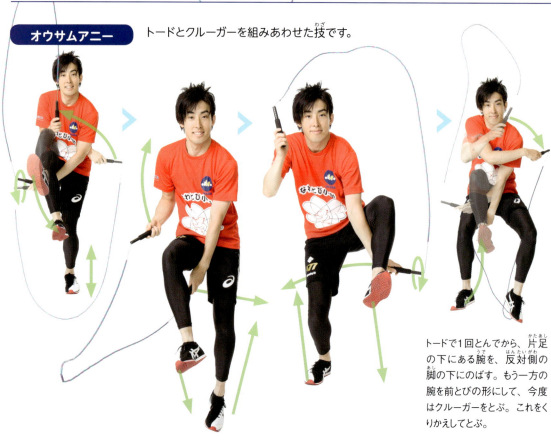

トードで1回とんでから、片足の下にある腕を、反対側の脚の下にのばす。もう一方の腕を前とびの形にして、今度はクルーガーをとぶ。これをくりかえしてとぶ。

パート3　世界の技ベストセレクション

TJ（ティージェイ）

1回のジャンプのあいだに、サイドスイング、トード、前とびの形でなわをとびこします。

空中でなわを横にふるサイドスイングから、トード、前とびをする。

ジャーミー

1回のジャンプのあいだにサイドスイングをおこない、地面に足がつく前にクルーガーと交差とびをおこなうもの。最高難度の技のひとつといわれています。

空中でなわを横にふるサイドスイングから、クルーガー、交差とびをする。

⑤ ローテーション系

ジャンプしたあとに体を横に回転（スピン）させてとぶいろいろな技をまとめて「ローテーション系」とよびます。

360（スリーシックスティ） なわを後ろ回しで半回転、ジャンプして体を360度（1回転）させるあいだに前回しで1回転、計2回転させます。

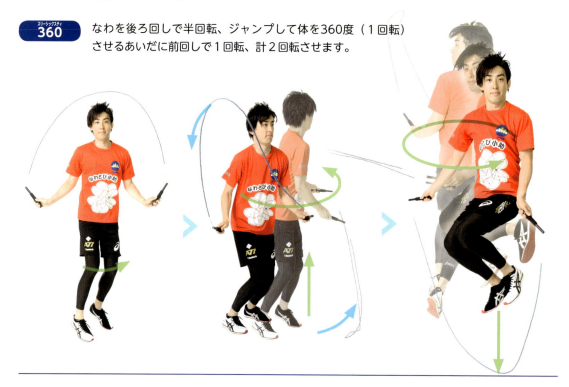

The ゴースト 1回のジャンプのあいだに回転しながら、背中側でなわとびをスイングし、最後に前とびをおこなう難易度の高い技です。

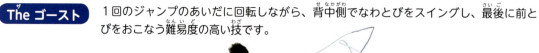

体を回転させてからサイドスイングでなわを頭上にあげる。

回転のとき、片方の腕を後ろにまわしながら両腕を広げ、前とびをする。

パート3　世界の技ベストセレクション

⑥パワー系

「パワー系」とは、体操の技を利用したり、脚以外の体の部分をつかってジャンプしたりする技の総称です。ここでは「おしりとび」と「プッシュアップ」を見てみましょう。

おしりとび　浮かせたおしりの下側になわを回転させて通す技です。

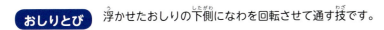

地面に両方の脚をのばしてすわり、一方の手でグリップをふたつともにぎって頭上でぐるぐるとまわす（右手なら時計と反対回し、左手なら時計回し）。

おしりでジャンプして、おしりの下側になわを回転させて通す。これは時計と反対回し。

ヒジキからのアドバイス

おしりとびの練習はまず、脚をのばしてすわって、大きく腕に勢いをつけてバンザイをしてみよう。それができるようになったら、バンザイを途中でやめる。その瞬間、おしりが浮きあがるよ。それができるようになったら、なわがかかとを通過した瞬間に、おしりでジャンプして、なわを通すんだ。

プッシュアップ　「プッシュアップ」は、英語で「腕立てふせ」のことです。その名の通り、腕立てふせの体勢でなわをとびこします。

なわを体の前方、なるべく遠くの方まで広げるようにまわす。

そのまま腕立てふせの体勢をとる。

自分の方へなわをひきよせて、そのなわを立ちあがりながらとびこえる。

53

⑦まだまだあるすごい技

最後に、新体操をヒントにしてつくられた「リリース」とよばれる技と、3種類の技のコンビネーションの「火の鳥」を紹介します。

リリース　なわの一方のグリップから手をはなし、ふたたびグリップをキャッチする技です。

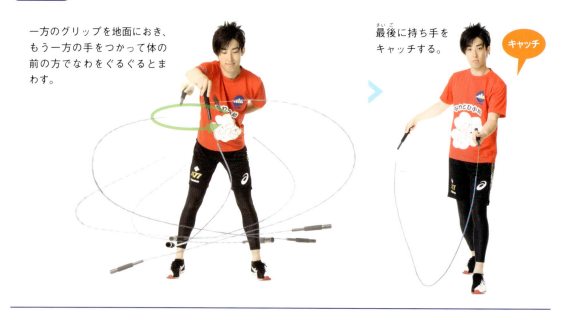

一方のグリップを地面におき、もう一方の手をつかって体の前の方でなわをぐるぐるとまわす。

最後に持ち手をキャッチする。

キャッチ

火の鳥　（二重とび＋あや二重とび＋交差二重とび）

二重とびを1回。

つづけてあや二重とびを1回。

最後に交差二重とびをする。

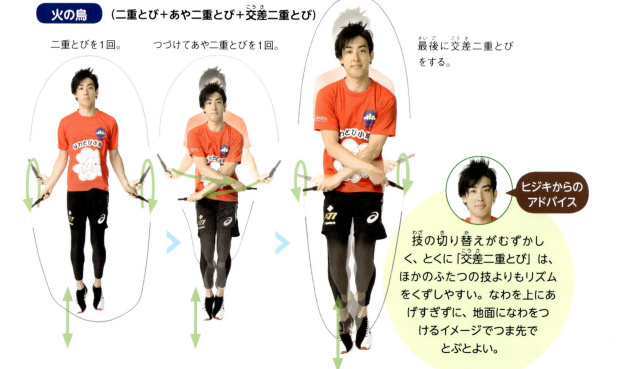

ヒジキからのアドバイス

技の切り替えがむずかしく、とくに「交差二重とび」は、ほかのふたつの技よりもリズムをくずしやすい。なわを上にあげすぎずに、地面になわをつけるイメージでつま先でとぶとよい。

さくいん

太字は、その技の解説がのっているページをあらわしています。

あ行

アームラップ ……………………… **42**
INF国際なわとび競技連盟 … 24、27
アドリアン・バンヘギー …………… 32
あやとび ……………………… 45、**46**
あや二重とび ………………… **47**、54
アンコールワット …………………… 9
歌川芳虎 …………………………… 13
AS ………………………………… **48**
エクササイズ ……… 5、20、26、35
エレクトロン・マリーナ …………… 43
塩ビ ………………………………… 34
オウサムアニー ……………… 49、**50**
太田昌秀 …………………………… 24
大なわとび …………………… 14、27
おしりとび ………………………… **53**
おしりどめ ………………………… 42

か行

かえしとび ………………………… **43**
かけ足とび …………… 23、28、**44**
片足とび ……………………… 18、**44**
キープ ……………………………… 8
紀元2600年奉祝行事 …………… 18
ギネス世界記録 …………… 3、21、38
競技用なわとび …………………… 35
『寓意人形』 ……………………… 12
グーツ・ムーツ …………………… 14
グリコ …………………………… **41**
クルーガー ……………… 49、**50**、51
クロスストップ …………………… **40**
クロスフリーズ …………………… **41**
『刑楚歳時記』 ……………………… 9
交差とび ………………… 45、**46**、51
交差二重とび ………………… **46**、54
高度経済成長 ……………………… 20
国際ロープスキッピング連盟 ……………………… ⇒FISAC-IRSF
『子供遊び尽くし』 …………… 12、13
『5分間なわとび健康法』 ………… 20
ゴム段 ……………………………… 19
ゴムとび …………………………… 19

さ行

サイドスイング ……………… **43**、51
The ゴースト ……………………… **52**
三重とび ……………………… 21、**28**
CL ………………………………… **48**
JRSF ………………… 27、28、33
Jロープ …………………………… 34
ジャーミー ……………………… 49、**51**
ジャンパー ………………………… 31
縄文時代 …………………………… 5、8
シングルロープ …………………… 29
新縄人 …………………………… 2、5、27
スキーヤー ……………………… **44**
鈴木勝己 …………………………… 21
ストリート・カルチャー …………… 30
スピード …………………………… 28
360 ……………………………… **52**

た行

ターナー …………………………… 31
ダイエット ………… 20、22、26、35
体術 ………………………………… 15
体操伝習所 ………………………… 15
第二次世界大戦 …………………… 18
ダブルダッチ ……… 27、29、30、31
たまごツイスト …………………… 34
短なわとび（短なわ）………… 2、14
チャイニーズホイール …………… 27
鳥獣人物戯画 ……………………… 11
綱引き ……………………………… 9
ツバメ …………………………… **46**
TS ………………………………… **47**
TJ ……………………………… 49、**51**
動画投稿サイト …………… 32、33
トード …………………… 49、**50**、51
とばないなわとび …… 5、39、40、43

な行

長なわとび（長なわ）………… 2、14
『なわとび』（書名）……………… 10
なわとび歌 ………………… 16、19
なわとび検定 ……………… 4、5、24
二重とび …… 21、23、28、43、46、54
ニック・ウッダード ……………… 32

日本ダブルダッチ協会（JDDA）
……………………………… 30、31
日本ロープスキッピング連盟
……………………………… ⇒JRSF
年中行事絵巻 ……………………… 11

は行

背面交差とび ……………………… **47**
8の字とび ………………………… 3
ハヤブサ ……………………… 43、**47**
ヒーローフィニッシュ …………… 42
火の鳥 …………………………… **54**
FISAC-IRSF ……… 26、27、32、33
V字ストップ ……………………… **40**
プッシュアップ ………………… **53**
フリースタイル …………………… 28
古屋三郎 …………………………… 10
ベル ……………………………… **44**

ま行

前とび ……… 18、45、46、47、51、52
マザーグース ……………………… 12
ムササビ ………………………… **46**
無酸素運動 ………………………… 22
モチベーション ………………… 4、24
モンキー ………………………… **49**

や行

有酸素運動 ………………………… 22

ら行

ラジオなわとび …………………… 18
リリース ………………………… **54**
ルーメル・ヴィッセル …………… 12
ロープスキッパー（Rope Skipper）
……………… 2、5、27、32、36、39
ロープスキッピング（Rope Skipping）
……………… 5、26、27、28、30、31、
32、33、39、43、44

わ行

World Jump Rope ……………… 38
童歌 ………………………………… 13

55

編集後記

縄文人から新縄人・ロープスキッパーへ

　10ページで紹介した、「なわとびは人類がなわを発明する以前から原始生活に使用した棒や藤づるのような物をとんでいるうちに思いついたのではないか」という古屋さんの仮説は、この「なわとび学」をまとめるわたしたちにとって、すてきなロマンとなりました。

　縄文人があぐらをかいて、土器のまわりに縄をまわしています。その後ろでは、縄であそぶ子どもたち。縄を地面と水平にふりまわしている子、両手で持って鳥獣人物戯画のカエルのような格好をしている子。著者はそんな縄文時代に思いをはせながら、この本のパート1・2をまとめました。

　最先端の世界のなわとびを指導してくださった生山ヒジキさんは、現在日本では唯一のプロのロープスキッパーです。ステージやCMで活躍されています。今ではその活動は世界的になってきました。生山さんのような方が、この本を読んだみなさんのなかから、ひとりまたひとりと出てくれると、この本の意義は、いっそう増します。

　もともと日本は縄文時代がある国です。この本が、その日本からの新しい「縄の文化」を発信し、「新縄人」を登場させる！　この本を著し、編集したわたしたちのロマンです。

こどもくらぶ　稲葉茂勝

●著／稲葉 茂勝（いなば しげかつ）
　1953年東京都生まれ。大阪外国語大学、東京外国語大学卒業。国際理解教育学会会員。子ども向け書籍のプロデューサーとして多数の作品を発表。自らの著作は、『世界の言葉で「ありがとう」ってどう言うの？』など、国際理解関係を中心に著書・翻訳書の数は100冊以上にのぼる。

●なわとび監修／生山 ヒジキ（いくやま ひじき）
　なわとびパフォーマンスチーム「なわとび小助」代表。なわとびに関する6つのギネス世界記録に認定された。2014年のなわとび世界大会 World Jump Ropeチャンピオンほか、受賞多数。日本各地で子ども達へのなわとび指導にも積極的に取りくんでいる。

●編集・デザイン／こどもくらぶ（大久保昌彦・齊藤由佳子・高橋博美・吉澤光夫・矢野瑛子）
　「こどもくらぶ」は、あそび・教育・福祉・国際理解分野で、子どもに関する書籍を企画・編集しているエヌ・アンド・エス企画編集室の愛称。これまでの作品は1000タイトルを超す。

●制作／（株）エヌ・アンド・エス企画
●撮影／福島 章公
●撮影モデル／伊藤 彩音、加部 天也、近藤 佑、日野 美羽
●撮影協力／エイベックス・プランニング＆デベロップメント株式会社
●イラスト／森田 拳次
●おもな参考資料／『なわとび』（古屋三郎 著、不昧堂出版）／『INFなわとびハンドブック』（太田昌秀 著、アシックス）／その他、各団体ホームページなど

縄文人から「新縄人」・ロープスキッパーへのなわとび学　　NDC781

2016年10月 3日　第1刷
2022年 8月31日　第2刷

著　／稲葉茂勝
発行者／中嶋舞子
発行所／株式会社 今人舎
　　　　186-0001　東京都国立市北 1-7-23　TEL 042-575-8888　FAX 042-575-8886
　　　　E-mail nands@imajinsha.co.jp　URL http://www.imajinsha.co.jp
印刷・製本／瞬報社写真印刷株式会社

©2016 Shigekatsu Inaba　ISBN978-4-905530-63-3　Printed in Japan　　　　56p 26cm

定価はカバーに表示してあります。落丁本、乱丁本はお取り替えいたします。